MALAS PALABRAS

Norge Sánchez

MALAS PALABRAS

Editorial Primigenios

Malas palabras
Primera edición, Miami, 2020
© De los textos: Norge Sánchez
© Del prólogo: Eduardo René Casanova Ealo
© De la presente edición: Editorial Primigenios
© Del diseño: Eduardo René Casanova Ealo
ISBN: 9798647161932
Edita: Editorial Primigenios
Miami, Florida.
Email: editorialprimigenios@yahoo.com
https://editorialprimigenios.com

Edición y maquetación: Eduardo René Casanova Ealo

UN HOMBRE DE ISLA, CON OJO ENCARNECIDO

Un fulgor insular y un desasosiego del verbo, nacen de estas páginas. El autor se debate en la búsqueda de una filosofía de la existencia, expone sus teoremas, el camino que su andar ha esculpido. Los dolores sacuden sus palabras y nace el poema. La palabra flechada, el ojo del disparo que lo conmueve.

El mar y la arena, se convierten en símbolos, en cruces que presagian, sus andanadas poéticas. El amor y la piel de la hembra por momentos se convierten en una barricada, en esa lucha encarnecida donde el hombre insular toma los remos, donde el hombre insular, salta para encontrar ese sitio que busca más allá de la mente.

No teme a los puñales, no teme a fiera encarnecida. Cree en el verbo como la salvación de su futuro. La pupila atenta, desanda su tierra, el lugar eterno del nacimiento.

La música lo conmueve, ve en sus artistas una tabla de salvación y exclama: *Pueden arrancarme las orejas de un cuajo, /como se suele decir. Prohibirme a Schubert, / Barbarito y la Orquesta Aragón. / Quitar de la memoria a Serrat, / Cigala y Mercedes Sosa* (…)

Su oreja no es el sacrificio de Van Gogh, no corta los sonidos, los expande sobre un torrencial, lluvia que se emancipa y enfrenta los ciclones ¿Quién puede maldecir sus violines? Negar qué suave acorde, florece de los hombres. Su libertad, es el silencio de las flores, el futuro radiante donde busca paisajes, él no duerme en los cuadros antiguos, para él el arte tiene un nuevo significado, para él: arte es una manera de expandirse, de soltar sus amarras, de navegar los mares, con la brújula simple del dictamen.

El amor, la vida, su país de nacimiento, andan en estos versos como remolino. Sin embargo, es un libro cosmopolita, que irradia otras culturas, otras ciudades: Roma, Venecia, París, Miami, Ámsterdam, Caracas, tienen esas luces donde el autor vierte su alma. La urbe que lo recibe como hombre que desanda las cruces.

La mujer es esa llama que lo inspira, sus textos guardan una Helena de Troya, una Julieta, una Dulcinea que lo seduce y lo inquieta.

Este libro recoge un mundo de insatisfacciones, dolores que vibran, rebeldía innata, es el verso-espada, cañón de fondo, el hombre que decodifica una existencia, esa voz que no tolera la farsa, desde los versos conecta su mente al flujo universal, hasta hacer que las partículas salten y hagan volver los ojos del universo.

Eduardo René Casanova Ealo

En estas pocas palabras debería estar tu nombre.

Y un rapto de deseo en los aires dichosos,

que como labios dulces trémulamente asedian.

Vicente Aleixandre

ARENA NEGRA

En cada estrella de mar viene el recuerdo. A unos pocos minutos de Nueva Gerona, en la mayor isla al sur de Cuba. La única playa que en el mundo tiene la arena negra y el cuerpo desnudo de Luisa María, retozando entre la espuma que abunda desde donde rompe la ola. Qué bueno sería estar allí como en una película. Volver a besar, goloso entre sus muslos, una y otra vez en toda la extensión del tiempo. Sin problemas ideológicos ni sabuesos con pistola bajo la camisa, a la caza de los versos que se escriben a las muchachas que suelen pasar su vida en la pupila del recuerdo; bañándose desnudas, en aquella playa de arenas negras, en el único país del mundo cuyos ejércitos pasan la vida gastando sus tropas en la insultante tarea de amedrentar a los poetas.

CADA NOCHE

Vienes cada noche en las alas de un pájaro

hecho música en los caminos del viento.

Eres un canto desde lo antiguo,

una flauta que transita acantilados

cuando te haces espuma al desprenderte

desde la magnitud de los sueños.

Llegas, y tu corazón arranca trozos

para alimentarse de mi alma;

hacer de mí tu alimento me sorprende

dando pasos a la gloria del placer,

la vida es luz entonces,

cuando llegas cada noche bajo tu sombrilla

para que no se evaporen los deseos

en el zurrón que cuelga de los atardeceres.

Tengo la certeza de que ninguna vida

será posible sin tus dientes.

Danzo, toco mi flauta para que palpiten

las montañas, mientras espero a que llegues

de noche, con la certidumbre

de que te veré llegar y devorarme.

LIBRO

Vaya donde el librero. No hay temor posible.

Acérquese. Tome un libro al azar,

ábralo. Verá salir en vuelo los pájaros del genio

y en cualquiera de sus párrafos

ha de darse la vida de un alma antigua,

arroyo fresco que desborda la pupila.

En esas líneas negras,

ráfagas de noche deslumbrando el día

está la existencia de alguien

que dio todo en su vida

para llegar hasta ti, en ese momento.

VENECIA

A cada momento soñaba con Venecia;

dejar correr la góndola por los canales

entre el húmedo abrazo de los muros antiguos.

Besarte bajo el puente de los suspiros,

como en tantas películas de enredos, y cantarte

con aquellas palabras con que el armenio extrañaba

al Gorrión de París, desde la Italia.

A cada momento soñaba con Venecia.

Y el pitazo del central hacía de barco

rumbo a Europa. Tú y yo, cargados de maletas

y de libros para leer en las mecedoras de cubierta

y degustar chocolates, hacer exquisiteces

del olor con que la zafra solía perfumar al pueblo.

Yo, en aquellos años, soñaba con Venecia

hasta que te bese en Las Tunas.

MENOS TU VOZ

Pueden arrancarme las orejas de un cuajo,

como se suele decir. Prohibirme a Schubert,

Barbarito y la Orquesta Aragón.

Quitar de la memoria a Serrat,

Cigala y Mercedes Sosa.

Todos los gritos que he callado y las palabras

que tan lejos y tan hondo me trajeron.

Llevarme a ser una partícula del universo.

Podrán arrebatarme todos los sonidos;

menos tu voz.

SOMBRA

Es mi sombra

la que va a tu encuentro,

toma el té, y comparte las galletas.

Acompaña tus pasos por la Europa

donde las fuentes suelen refrescar

sus manantiales en tus labios.

Corta tu pastel de mayo, frota los violines

o percute el piano para embriagar

los tiempos de la espera.

SU SANGRE

Cuando la "seguridad del estado"

se lanzaba sobre mi humanidad;

iba, como las fieras,

tras el olor de su sangre.

AVENTURA CON FINA

Tuve una aventura con Fina García Marruz,

yo estaba en Carabobo, en la recta final

de dos mil quince. Fina había sido

una dulce boina de febrero,

con un sabor dulcísimo en su bolígrafo.

Arrulló mi soledad y desde el negro impacto

sobre la página impresa me habló

de lo simple y maravillosamente mágico

con que nos arrulla el verso

cuando se trata de recrear los momentos

y construir la mirada de aquella fecha

en que la poeta, eras tú.

MEMORIAS

Te juro

que no lo voy a contar

en mis memorias.

A fin de cuentas,

nadie va a creer que yo tuve

el encanto de tus labios

en aquel laberinto secreto

de la ciudad insospechada.

ORGÍA DE NUBES

Sobre el murmullo de la casa

la voz de la madre supera

la sonoridad de la radio en la terraza.

Los olores de algo que hierve en el fogón,

como acompañados de guitarra y clave

nos regalan cada vez más clara

las negras lágrimas de Matamoros.

En el horizonte, sobre la línea lujuriosa

de los cañaverales, una orgía de nubes

y de sol ardiendo entre la fiebre

en los colores del día que se marcha.

EL CAPITÁN

Yo era el capitán y tú,

el amor de mi vida

paseando bajo la sombrilla

sobre cubierta,

en todos los barcos de papel

sobre los que te lleve a navegar,

en aquellos aguaceros de la infancia.

VIAJAR

Viajar al lado de una muchacha

hermosa que medita, es sentir

el acontecer de las estaciones,

en la belleza de su silencio.

MAR

De tanto éxito productivo

las hembras dejaron de parir

y el hombre nuevo se extingue.

La patria comenzó a gastarse;

de puta cinco siglos,

apenas recuerda los machetes,

la burocracia en mulos

y al de la frente poblada de versos,

cayendo inútilmente entre los ríos.

El siglo diecinueve murió de sífilis,

el veinte de sida y en éste,

cuya fecha pondré en alguna parte

nos estamos muriendo de "miedo",

porque mierda no me gusta

para este contexto.

Mi país se fue a bolina.

Juntó maderos y, se fue al mar

abierto, democrático, en fin, al mar.

AZUCENAS

Aquel sendero,

donde las azucenas parecían arrullar tu nombre,

los transeúntes, como en cualquier ciudad,

perdidos en las esquinas de cada memoria

en la inquietud del olvido.

No era Paris, con todos sus cadáveres famosos

ni Ámsterdam, cuyo silencio nos arrebató las palabras.

Era, como en aquella película, en la que se podía

caminar espejo adentro, y la realidad

solía habitar dentro de tus ojos.

Yo era verde entonces, y a ti era la mirada

la que solía colocarte pigmentación.

Era verde, y escribía palabras sobre la simple manera

en que tus senos, solían derretírseme en la boca.

LA OSCURIDAD

Es cuando uno mira hacia el hondo hueco

de la noche y no sabe si las nalgas,

o las tetas, o todas las curvas de cadera

y muslos; o uno no sabe si el pelo

que cae sobre el abismo de la espalda.

Y uno mira la noche sin estrellas,

ni luna, ni perro que a lo lejos ladre

y se queda pensando en la enorme boca

de gigante con que se viene.

SIEMPRE CONTIGO

En una palabra del diccionario,

en los versos de Wichy Noguera

entre las cerdas de un cepillo de dientes

o la Nebulosa de Andrómeda

junto al abrevadero de los dinosaurios

con una gota de lluvia

al caer desde el techo

en el universo erótico de Zaida del Río.

En el depósito de canela

con el piano de Bola de Nieve

en la pata de un grillo

en el bastón ardiente de Benny Moré

en un capítulo de Paradiso

o en el jardín de la Loynaz.

En una pequeña casa

junto al ferrocarril;

en cualquier lugar o dimensión

puedo vivir y realizarme,

siempre que sea contigo.

ÁRBOLES

Es que los árboles no andan persiguiendo al horizonte.

Escapan hechos susurros, pero no van donde las olas

se estrellan contra la tarde, con la llegada del punto focal,

desde donde canta tu vientre los contornos del abismo.

UNA PARTÍCULA

Tú, serás una partícula.

Una pizca de hollín, un trocito de barro,

una micra de materia inorgánica en el espacio todo silencio.

Serás un átomo, un enlace covalente; toda la miseria humana

entrando en la gravedad de un hueco negro

un sol mayor en fa sostenido

en el tratamiento siquiátrico de un piano.

La primera y la última nota del bolero

desde el fondo de la copa con el ron llegado de tus labios

Todo el polvo cósmico sobre la noche de tu lengua

la hojita de laurel y el diente de ajo

para tenerte como en los arcoíris.

PUERTO

En los bares del puerto

las putas llegan a tu vida

con todo el salitre,

como en las alas de las gaviotas

y te dejan entrar, así como de golpe

cuando el alcatraz se derrumba

sobre la presa, a ras de la ola.

HUMO Y VIENTO

Era de humo y viento

hasta la noche

en que palpé su piel.

Un ligero vapor en la niebla

partida en dos la grieta

de una luz desafiante de la grima

que marca el siniestro territorio.

Era de humo y viento,

hoy es memoria

de lo que fue la carne

de esa noche en que pudimos

romperles cada cruz a las palabras.

PRIMERA EXPLOSIÓN

Aquel instante,

en el que te voy a besar,

lo he vivido tanto

y tantas veces;

que cuando ocurra

será estudiado por la ciencia

como la primera explosión

de algún universo.

UNA NOCHE

No porque subí al balcón en Verona

a morder las frutas de la vida en la carne de Julieta.

No porque escribí los cien sonetos

que pasaron a la Historia con Petrarca.

No porque haya estado en el asedio de Troya,

en el rapto seducción de Helena,

ni el erótico rapto de las mulatas.

No es porque el año tenga solo cuatro estaciones

más la nuestra. Es porque estuviste aquella noche

en la carne de todas las julietas desde Verona,

en la piel de Helena junto a la muralla de Ilion,

o raptada sobre mi caballo junto a las mulatas

que hiciste de mí el único de los amantes

que conoce lo que es tener al amor de su vida

en la eternidad de una noche, para siempre.

CARACAS

Cuando descubrí Caracas,

mirada contra mirada,

piel contra piel,

sueño contra sueño,

sólo una cosa quedó clara,

esta ciudad ya, para siempre,

tendrá tus ojos.

A LA DERIBA

En algún tiempo fue una casa

a un lado de la carretera.

Cuando pasé,

a punto de aparecer el crepúsculo,

ya habían arrancado las paredes,

el techo; la memoria.

Lo que alguna vez fue el piso,

un ciruelo y el pozo

arrastraban los pasos hacia la noche.

Lo que fue la casa, abrigo de la vida,

navega hoy hacia las sombras

como una barca a la deriva para flotar,

solo, en la memoria del que pasa.

MUCHACHA ARGENTINA

Tenía los labios y el color de la cara

como el de la muchacha argentina

con que siempre soñé.

Aquella a la que Gardel,

desde sus tantas películas

en el canal dos, después de las cinco

de la tarde, le increpaba

en sus quebrantos un obligado olvido,

para hinchar las taquillas,

más de medio siglo atrás, en los estrenos.

Tenía la piel de aquellas muchachas

maquilladas que besaron a Gardel.

Aquella piel que hoy no le acompaña,

cuando me sonríe desde la muerte.

COMO VOLVER

Como volver a ser aquel

que estuvo a punto de tus manos.

Esa mínima presencia

ante la majestuosa habilidad

de tus detalles.

Como volver a ser aquel,

a tu lado,

en el banco junto a la calle.

LA HABANA NO ES MÍA

Ya La Habana no es mía.

Con sus grandes hoteles para mostrar el hambre

y las miserias de los que pueden regresar

con esa nueva dignidad que dan

los pasaportes extranjeros.

Ya La Habana no es mía con las gaviotas

cortando el aire donde un día flotó

la pólvora del Maine para estrellar su plumaje

en esa costra de petróleo y grasas

con la que el progreso se encarga

de cristalizar las aguas.

Cinco policías para cada puta.

Prohibidas las guitarras con las que un día

ganaba su pan, llegado desde Santiago de Cuba,

nuestro Matamoros. Ahora está prohibido el manisero

y, ni la mismísima Rita Montaner,

puede poner su venta de maníes en el malecón.

Ahora, cundo nadie tiene El derecho de nacer.

Ya La Habana no es mía, cuando sin juicio previo,

oral y público, como lo mandó la ley alguna vez.

Han puesto preso a ese muchacho de Liverpool,

con gafas para robar y cabello sobre los hombros.

La Habana, con el único Cristo ateo en el planeta

y una lancha que solo ha sonreído en aquel intento

de llegar a Miami cuando nos llegó la muerte

por fusilamiento sin juicio sumarísimo y el acero

desde la cintura del Apóstol rompió la carne joven

de aquellos que intentaron un sueño tan sublime

como arrancar una rosa en el cementerio

que nunca debió guardar los huesos

del Castañón de punto cero.

La ciudad sin su Bola de Nieve

junto al piano del Gato Negro en aquellos barrios

donde asesinamos de tristeza a Dulce María Loynaz,

tan mambisa ella, como la Grajales

de memoria perdida

en los cálidos desiertos de las bibliotecas.

Esta ciudad desde donde el hombre

es el lobo del libro ya no es La Habana

que era la voz de Los Zafiros ni de los mojones

rodando desde el edificio Alaska,

por el lado de veintitrés.

Esta habana no es mía ni de nadie.

No podrá nunca esta ciudad volver a ser, sin ti.

VENTANAS

Este soy yo,

asomándome por las ventanas de mis ojos.

Detrás de mis pupilas te veo caminar

por aquella habitación

junto al museo de Las Tunas.

Tu cuerpo bajo el agua.

Afuera, las humildes jineteras

persiguen a los caminantes.

COMO EN LOS BOLEROS

Era mala y traicionera, como en los boleros.

Linda, con hoyuelos en la cara y la boca de carne

como Rosita Fornés y la piel de Libertad Lamarque.

Era mala y traicionera, como en los tangos.

Y el bandoneón salía debajo de su falda

a enseñar a volar a los pichones, a romper

el hilo de los papalotes, a verme partir

y amarme como nunca.

Era mala y traicionera como en las películas.

Como en el cine Unión cuando tenía las cortinas

y todos querían besar a la Montiel, excepto yo,

que sólo daba la vida por besarla a ella.

Que boca tan sabrosa, parecía el arroyo

después de mucha lluvia. Tenía el dulce

de la espiga recién arrancada a la tierra.

Era dulce y tierna como los atardeceres

cuando se llenaban con el aroma del café claro

imprescindible en la tarde de mi madre.

Era un sueño donde la vida

parecía ser un buen momento. Tenía hoyuelos en la cara

y era linda, y aún lo seguirá siendo, en la memoria.

¿QUÉ PRETENDE?

¿Qué pretende,

ese primer hijo varón de mí madre,

que persigue mis pasos,

con sus pies sobre mis huellas,

y usa mi voz para los improperios

contra los dictadores?

PAÍS

No pasa de ser un simple lienzo,

una planicie sin arcoíris en el horizonte,

ni palmeras, ni caballos que estremecen la llanura.

Pero te nombro. Te nombro;

para que no me olvides

y basta que mi voz llegue al vacío

que es el universo de un hombre solo

para que se pueble la superficie

de lo que no era más que luz,

la simple luz del mundo

que se rige por las órdenes que impartes

para que el eje de tu esplendor no altere

lo que pueda ser el despertar de los tiranos.

Pobre país, mi país,

el único país que no tendremos nunca.

TE AMO, NO SÉ TÚ

Eran de barro esa noche tus tetas

o de frágil porcelana.

Eran del lento palpitar de los relojes

con sus laderas donde la lengua

pedía recorrer enciclopedias.

Fueron de barro esa noche

hasta que desde mi cuerpo Dios,

las puso a titilar en la memoria

hasta esta noche

en la que miro las fotos

desde donde tu boca de cristal

dibuja mil contactos

en la corteza primaveral de mí teléfono.

EL TRAGO DEL AMOR

Hasta aquellas mierditas de pájaros

en los bancos del parque

eran adorables

cuando nos sentábamos a mirar la noche

o esperar tranquilamente

el trago del amor, llegándonos adentro.

VIDAS PARALELAS

Mi hermano

se lanzó por las llanuras de La Mancha,

después de muchas lecturas,

a deshacer entuertos y buscar su gloria.

Mientras batallaba contra la ferocidad

de unos molinos; allá, en El Toboso lejano

donde las fuentes suelen deslizar

su lengua cristalina por los muslos de las hembras

Dulcinea, casada con el tabernero,

paría una y otra vez robustos mocetones;

alguno de los mayores, por cierto,

muy aficionado a la lectura.

HASTA CUANDO

¿Hasta cuándo estará tu mano

agitada al aire en el momento de partir,

en aquella calle frente al parque?

GOTA DE AGUA

En cada gota de agua en el pantano,

millones de microbios se preguntan:

¿Quiénes somos?

¿De dónde venimos?

¿Hacia dónde vamos?

y, mirando hacia la luz, se mantienen

expectantes a una respuesta

que no les llega nunca.

Dentro de la gota de agua pútrida,

bajo el lente del microscopio,

muchos se preguntan cuándo alcanzan a ver

los reflejos de la luz:

¿qué habrá más allá de ese horizonte?

ÁTOMOS

¿Y si los átomos

que un día fueron tu boca adolescente,

hechos golondrina, cruzan el mar

sobre los barcos y llegan hasta la ribera de mis labios?

¿Y si todas las partículas que has sido

vienen hasta mi jardín a polinizar las flores

junto a lo que fui por aquellos años

de amarte desde la distancia

en los colores de dos mariposas

que enfrentan el milagro de la noche

juntando la frágil existencia de las alas

hasta la llegada del sol?

Así he visto cómo van juntándose en el planeta

nuestros pedazos, junto al milagro de estos aguaceros

que seremos por siempre.

PUÑETAZO

Para ese día

en que decidas

dar el puñetazo definitivo

a la realidad,

te entrego mis manos.

ORGULLO

Tu marido debe estar muy orgulloso,

por ese arroz salteado

que sueles salpicar con travesuras,

por tus orgasmos en cascadas,

esa manera de darte a todos

y amarle sólo a él, y por el olor de ama de casa

que tienes en tus dedos, cuando abres tu vulva

para que mi lengua la socave y la encienda,

semillero de mis ganas.

Tu marido debe estar muy orgulloso,

porque puedes atenderle al teléfono

totalmente penetrada, continuar los espasmos

y ocultar los gemidos.

Y por esa tozuda manera de permanecer callada

cuando te suplico que te quedes para siempre.

ALGUIEN CANTA

A lo lejos, alguien canta.

Nadie escucha.

Pero, a lo lejos,

alguien canta para ti.

MARINERO

Aquel marinero que hundía su cabeza

a lo profundo entre tus piernas

para escuchar

los cantos ancestrales de las caracolas.

Se decía descendiente de Espartaco,

y se alababa en cada embestida

de no sé cuántas victorias

en las peligrosas arenas

del coliseo en Roma.

Casi desnuda a medio peinar bajabas

las escaleras haciendo sonar cada tablón

desde donde la caoba resistía el embate

de los tacones, ante la codicia

de cuanto varón se disponía

a levantar su jarra de ron y su tabaco.

WHATSAPP

Perdóname.

Cuando te hablé de los atardeceres

y no dije nada de mi flácido pene pequeño,

inútil armamento, lo hice optimista

por la flexibilidad de tu vagina

y la ostentada maestría en la felación.

No fue para engañarte. Perdóname.

Cuando te hablé del espectáculo

de las constelaciones

desde el balcón de tus ojos

no te dije de mi aliento de dragón rabioso

al despertar con su halitosis,

de las flatulencias

y ese desprendimiento gaseoso en las axilas

que no parece agradarte; no lo hice por mentirte,

fue que no encontré la rima precisa.

Los blancos dientes de perfecto marfil,

los arrancó mi padre en los primeros años.

Esto que muestra mi sonrisa

son los restos que protegió la nicotina

sobre lo poco salvado

en los fumaderos de opio en Singapur.

Sobre el olor en los zapatos, no es su culpa,

viene de los pies. La secreción de los oídos,

los mocos desde la nariz, y eso que te pareció

lepra en la piel, no lo es tanto;

es sólo que en mi empeño de aprovechar el tiempo

para mi obra maestra, no lo gasto en el baño.

Sobre los piojos y el sin fin de ácaros

que me acompañan te diré que no son

tan mala compañía como se cree,

incluso me atrevería a jurar que son mejor compaña

que los tuyos. Perdóname, una vez más,

te pido me disculpes los olvidos.

Una cosa sí, no me queda aclarada,

y te lo pregunto para no marcharme con dudas

de esta habitación: ¿por qué me dejas?

PARA UN INVENTARIO DE LA HABANA

A pesar de los edificios destruidos,

los cráteres que visten las avenidas,

la humana ausencia de lo humano;

nada tan amargo, como las fuentes

con sus pájaros desesperados por la sed.

MAÑANA SERÁ UN ÁRBOL

El poeta mintió como sin darse cuenta: Mañana seré árbol, decía Paquito Mir, en la insistencia porque se le diera un espacio entre los hombres. Un huequito donde instalar sus pies sobre la brevedad de un grano de arena. Mañana seré árbol, les dijo a los bandidos que lo acorralaron entre la espada, la pared y el cáncer desde donde se crecía hombre recto y cabal. Sólo los que le amamos supimos la verdad. Cuando los ojos del jefe de vigilancia miraban hacia otra parte y los esbirros se marchaban a cumplir horario espiando a otros poetas, cualquiera podía ver el cuerpo de Paquito llenarse de hojas y cotiledones y sobre sus orejas volaban los pájaros a construir los nidos. Mañana seré árbol, nos decía el poeta en su apresurado camino hacia la muerte, a los que sin asombro podíamos ver en su follaje, aquellos maravillosos cantos entre el aletear de los pichones.

TODO PÁJARO

Todo pájaro que vuela

hacia las sombras

lleva en sus ojos

la luz de tu mirada.

EL SOL

Desde el centro del sol

directamente azul

le llegaba el calor a tu vagina

esa noche tremenda de nosotros.

DEL HÁBITO Y LA LECTURA

Si cuando andabas en el remolino de la vida,

presa del viento y los vaivenes de las lenguas.

Trabajando duro

para sacar adelante a tus muchachos.

Si el día en que se te pinchó la bicicleta

y cargaste con la lentitud del contratiempo.

Si cuando llegabas del trabajo,

Dibujada con brocha gorda la sonrisa necesaria

para el buen comportamiento, y salías disparada

a medio día, a improvisar uno de los tantos

esquivos almuerzos para seguir la vida,

al cruzarnos en la calle, con el saludo formal

de los vecinos, hubieras leído en mis ojos.

Esta historia de amor, hace mucho tiempo,

hubiera cerrado sus capítulos amargos.

CINE DE ÉPOCA

En esa época

yo era el novio de María Félix,

sin colores desde la increíble pantalla rusa

del primer televisor que llegó al barrio.

Solía besarme

cuando debajo de los grandes sombreros de Charro

rasgaba la guitarra y le cantaba

con la voz de Pedro Infante o Jorge Negrete

mientras mi madre secaba con la plancha

la única camisa presentable, para salir al parque.

AGUACERO

Como será nuestro primer aguacero.

Esa primera lluvia que compartiremos juntos,

cuando juntarnos para ver la lluvia

no sea este imposible que ahora me trae

inventándote con estas ganas.

EN OTRA DIMENCIÓN

¿Cómo saber del tiempo en otra dimensión?

En otra galaxia o girando en torno

a una de las tantas estrellas

que transcurren con nosotros

este universo de luces y violencias.

¿Cuándo sabremos alguna vez

cómo medir aquel íntimo contacto

de nuestros dedos?

De la punta extrema de nuestras manos

en aquella despedida.

Desde aquel parque donde un día

habrán de poner nuestras estatuas

y la constancia escrita en notación científica

de todos los momentos que guardamos

en el ínfimo espacio de un instante.

INCERTIDUMBRE

Cuando se me pone dura la tristeza,

la coloco en el huerto junto a las semillas

y quedo a la espera, puede que un día florezca

y la tristeza comience a multiplicarse

en los amargos colores de las horas.

Esos momentos esenciales

en los que puede la añoranza ser cristal

mientras bajan de los arcoíris

los remolinos preñados por la incertidumbre.

ANDANTE PARA PIANO

Entonces, dices tú, Mozart no te conocía.

Entonces, dices tú, alguna vez tuve melena

y sordo y apasionado te abordaba en las calles de Viena.

Entonces, en algún momento llegaba tu perfume

y era una danza para el teclado recorrer mis dedos

y contar una y otra vez cada uno de tus laberintos.

Entonces, dices tú, Mozart nunca supo de ti,

por esa manía de los hombres

de aferrarse a los calendarios,

como si Homero hubiera necesitado tiempo

para que Odiseo hiciera de las suyas

en todos los océanos que inventó el Olimpo.

Entonces, dices tú, que Mozart...

LA FUERZA DEL AMOR

Sin tu nombre,

sería imposible abrir

mi cuenta de Instagram.

DESNUDO DE RELOJ

Hoy recuerdo

como uno de los primeros grandes asombros

la primera vez que pude observar

en la plenitud de su desnudez

la maquinaria de un reloj.

COMO UN LOBO

Toda la naturaleza estaba hecha para oler desde tus piernas. Como un lobo; sabia distinguir ese, como mi territorio de dominio y posesión. Ahí estaba yo, como al final de la vida o en los últimos segundos de uno de esos filmes con finales felices. Tú desnuda, como un faro, para guiar los barcos por el buen camino hasta el fondo de la bahía. Hasta el fondo de ti, donde un niño triste como yo me espera. Eras toda la luz desde tú nombre. Se encendieron mis farolas y se cayeron los grillos, desde alguna altura distante, desde donde Lorca nos tocaba un arpa mientras Roma se entrega a la innegable seducción del fuego. Después dirán los entendidos que fue el Vesubio, en todos esos libros que mienten sobre los laberintos de los alientos. Algunos dirán que fue el destino manifiesto o el espacio vital de nuestra raza, nunca sabremos lo verdaderamente cierto. Lo que nunca dirán en los noticieros es que tú y yo estábamos allí, como cada noche de la vida y de la muerte, amándonos. Aunque hoy, ante la multitud, ni siquiera pueda pronunciar tú nombre.

UN GRANO DE ARROZ

Si pudiera hoy, con este verso

poner un grano de arroz en tu mantel,

y de mi pluma viera brotar

un chorro de agua fresca.

¡Ah, si esta hoja en la que inscribo oro,

perlas y rubíes; fuera casabe

sólo por esta vez! No estaría la mesa

desesperada, raído el cuerpo y los pies

a expensas de la niebla

que escriben los periódicos.

En esta hora en que la Tierra se avergüenza

y oculta su pereza tras las nubes,

que tenaces, se aferran a la tarde.

AMARGO PAÍS

Esa huella

que se gasta en el horizonte

fue mi amargo país,

la patria de los que en el mundo

intentan quitarse de la memoria

tan deprimente escombro.

CUÍDATE DE ROMA

Cuídate de Roma,

que siempre están haciendo películas

y lo filman todo.

El canto de los pájaros,

el sonido de las gaviotas

y aquella noche en la que nos metimos

en la Fuente de Trevi,

y ahora muchos se lo atribuyen,

por lo de la película,

en la que negaron nuestros nombres,

y ese perfil maravilloso a contraluz.

Dejaron para la esquina de la pantalla

un trilce puñado de estrellas.

Cuídate de Roma;

no sea que nos vuelvan a filmar

al besarnos sobre el Ponte Molle,

desde donde el Tíber pueda vernos.

O bebiendo de tus labios desde el chorro

donde la piedra solía piropear tus ojos.

Hoy lo sabemos, no todos los caminos

conducen a Roma; pero todos conducen a ti.

CONTEMPORÁNEO

Lo tuvo todo menos el amor.

Lo tiene todo, menos la vida.

Y quizá muy pronto para completar

sus ambiciones personales tendrá,

en demasía, su último tesoro;

el olvido.

GUITARRA

Cuanto quisiera tocar la guitarra.

En esos atardeceres en que murmullan

tus pasos por la cocina. Vas al cuarto,

estiras la estirada cama.

Revisas la comida al fogón.

Compruebas si hay noticias de Europa,

donde los hijos transcurren

en su realización feliz.

Quisiera tocar la guitarra, cuando te alistas

para ir a misa y los cosméticos se deleitan

sobre tu piel. Y mis manos se alistan

para acompañarte por esas calles

que nos han visto llevar la vida,

hacer los sueños, y mirar sobre el paso del tiempo

cómo se juntan nuestros destinos.

Cuanto quisiera tocar la guitarra, para cantar.

sobre esta manera de amarte que invade.

Este quererte que desborda.

NOTICIA

Facebook,

Twitter,

Instagram,

todas las redes sociales,

sitios web,

prensa, radio y televisión

y sin embargo,

soy el único en todo el universo

que dispone de la certeza y la noticia:

Toda la luz viene de tus ojos.

DIMENCIÓN

En otra dimensión tú eres un pan.

Un libro nuevo saliendo de la imprenta,

una guayaba.

En esa dimensión yo no te he visto nunca,

con los labios como la pródiga sangre

de los terrícolas.

Desde una dimensión desconocida

tus ojos aún no se han inventado

y basta el tacto de tu lengua

para que los barcos se anuncien

sobre las planicies

como las palabras de los dioses

y de los incrédulos.

MARZO

Marzo me nació de entre tus piernas

y desde marzo será marzo

el hijo que engendramos,

aquella noche

de marzo en la ciudad

que sólo marzo sabe iluminar.

TINAJA

Duerme,

como princesa envenenada,

dispuesta a devorar uno tras otro,

los minutos que devoran su castillo.

TODAVÍA

Todavía no sabíamos que la vida era eso.

Detrás de aquellos ojos

en los que se escapaba toda la mañana,

mientras el maestro se empeñaba

en que supiéramos de aquellos

con machetes en la manigua.

PUERTOS

Matar toros,

rabo y orejas,

hasta romper las copas

que abrieron sus ansias

al ron nuestro de cada noche.

Esperas

en los puertos

que nunca tuvo Madrid

para que hecho océano

te inunde las rodillas.

SINCERAMENTE

Sinceramente, señor Darwin,

si alguna vez desde la simiesca

presencia del amor fue mía

en el goce peludo de su piel

y de sus babeantes labios

desgajaba besos

y desde el límite de sus ojos

se desprendían los cristales

desde donde brotaba el día.

Si fuimos aquel primer escalón

y nos hemos estado dando desde entonces,

vale la pena esa angustia de sus uñas

destrozándome entre los aullidos

que denuncian esa cascada de espasmos

con que se apresta a inaugurar el día.

BOCA

Tu boca es dulce.

Ya sé que los críticos van a chillar

por su manía de argumentar

lugares comunes a cada paso.

Pero, tu boca es dulce

y la vulva que colocas en mi boca

se cubre de hormigas

y la asedian las abejas, para darle

el toque definitivo a su colmena.

CORBATA

Fue el día en que salí a la calle

a preguntar a todos por tu nombre.

Una niña.

El vendedor de la esquina.

Alguien que pasó.

Nadie pudo decir tu nombre.

Fue entonces que le pregunté al señor

que arrastraba los pasos

hasta donde comienzan

a perderse las estrellas.

El señor dijo no saber tu nombre;

pero tu rostro,

lo llevaba colgado en su corbata.

ARADO

Para saber de tu boca hay que esperar

por el arado tirado por los bueyes

que transcurre sobre la piel,

por entre las hojas secas,

en la planicie que abarca tu envergadura.

Ir de proa a popa

como sólo se puede uno deslizar

hacia el abismo donde el impacto

le puede transformar el espectro.

Abre el arado con sus aletas la tierra

que se entrega voluptuosa y yo tus piernas

y hacia el infinito de tus líquidos va mi boca

en busca de ese calor que le arrancan

los arados a la tierra y que guarda tu cuerpo.

MARIPOSA

No había vuelto a ver tantas mariposas juntas.

Eran días de escampe y aguacero,

días de sol desde donde el verde

solía llenar el horizonte

por la extendida propulsión de los potreros.

Todos los colores vuelto alas, al asedio

de cuanto pétalo se muestre

en la dispersa desnudez de las horas.

Brilla el sol. La mañana sube.

Nunca nada se llenó tanto de mariposas

hasta este minuto en que te presiento.

SUBLIME

Tan sublime tú

tan poesía tu

tanta lengua tu

tanta boca tu

una y otra vez tu

sobre el mástil

que suelo ser

en nuestra noche.

TAREA DE LA CIENCIA

El Efecto fotoeléctrico,

la Ley de Gravitación universal

los dibujos rupestres de Altamira

Machu Picchu y las Pirámides de Egipto;

todo ha recibido muy poco estudio,

así como ninguna tesis científica hoy

le puede explicar al mundo

porqué un suspiro tuyo, al otro lado del mundo,

entre nevadas, me puede hacer temblar

en este trópico desierto

en tan elevadas temperaturas.

ATARDECERES

Y qué sentido tendrán los atardeceres,

las lloviznas y el olor a jazmín de noche

cuando no estemos. Ese momento

en que se asomen las estrellas

y no haya ojo humano

para delinear sus contornos.

Y si, por tu ausencia,

el sol se nos muere de tristeza.

Ves, a todo lo que se expone el mundo

si no estás.

CENTÍMETROS

He pasado la vida

haciendo esquemas,

planos, análisis de riesgos,

cálculos de todas

y cada una de las maneras

que me hubiera gustado gozar

cada uno de tus centímetros.

ESA NOCHE

Esa noche

nos sorprendieron cada una de tus curvas

como si estuvieras bailando en Casablanca

y alguien tocara esa canción

en la que el piano solo atina

a deletrear tu nombre.

Esa noche

cada uno tuvo un milagrito

y Changó desde Guanabacoa

manoseó los pechos de Yemanyá

para penetrarla

con el violento empuje de las mareas.

A tu paso volaban puertas y ventanas

y los cocoteros hecho aplausos

iban a escribir tu nombre en los jardines.

Esa noche, quizá fue la gloria

de una noche en Las Vegas

o el planear sobre los arrozales

desafiando al Monzón.

Esa noche

tu vuelo terminó sobre una balsa

y nunca más volaron los cristales.

CIELO DE EUROPA

Me mata de envidia

esa luna grande y redonda

que te besa la frente

desde el cielo de Europa.

Me mata de envidia

que este cielo de América

con su luna grande y redonda

no te bese la boca.

ESPOSO

Esa noche estuvo en su bata maravillosa,

transparente para que mis ojos acariciaran

cada una de sus líneas adoradas por fanáticos,

idolatrada por millones de hombres

y pagadas, sólo al alcance de unos pocos políticos.

Todavía no era un objetivo chequeado por la CIA,

desde donde saldría el veneno que acabó

con su vida en las manos asesinas

del agente confeso cero, cero, cero, cero.

Esa noche, sin su bata transparente

y luego del Whisky y los chocolates

me llevó a su lecho mientras Glenn Miller

hacía con su banda

los avatares de su línea de vientos

tan influyentes en nuestros Mambos

y las exitosas jazz band de los cincuentas,

para gloria de los músicos cubanos.

Esa noche las ganas

eran sólo de Marilyn Monroe, la diva increíble.

Esa noche yo solo tenía espacios en mi mente

para recordar tus labios

cuando me dijiste casi al amanecer:

he decidido que seas mi esposo.

CREADOR

¿Y si fuera el creador

de todos los paisajes

que transcurren en tu pupila

en el justo palpitar de los regresos?

ADAGIO PARA TU NOMBRE

Es cuando sólo una letra puede cantar tu nombre

y una historia de amor en todos sus detalles.

Entonces yo viajaba las calles para pedir limosnas

y la gente, grande en su bondad,

llenaban el cuenco de la mano con zafiros,

trozos de luna y algunas intimidades

sobre el olor de las auroras.

Era hermoso el mundo

como tus tetas llenas de luz

dispuestas a romper la oscuridad

en la garganta del sediento.

Sólo una vez alguien llegó

con un puñado de monedas de oro,

las puso a tus pies

con el temblor del invierno en los huesos.

Yo quería un trozo de pan o un violín

para junto al fuego

rememorar aquellos golpes de la primavera,

los nidos, casi siempre con pichones,

disimulados en el follaje de las casuarinas.

Sueño con el pan, con la tersura de tus labios,

con el rojo increíble en los cuentos de hadas

mientras me apaga la espera.

TIEMPO DE PATENTES

En tiempos de patentes

y derechos de autor

mantengo muy secretamente mis inventos.

Viajar en el tiempo,

cada noche ir a aquel momento,

repetir aquella despedida

y regresar dispuesto y renovado

se ha convertido

en el gran secreto de mi existencia.

TIERRA

En todos los mapas y los libros.

Las películas, los noticieros

y las canciones

que engalanan al universo

En todos los soportes electrónicos

o en la dulce memoria de los escolares.

Donde quiera que aparezca

la palabra Tierra,

debería aparecer tu nombre.

COMO EN EL CINE

Era como en el cine, aunque no habían cámaras

y micrófonos, ni director en su silla pidiendo a todos:

¡silencio que vamos a grabar! Era como en el cine,

un momento lleno de circunstancias.

Tu madre te esperaba. Era la realidad

después de una noche prodigiosa.

Mi boleto marcaba la salida del país, inminente.

Llamamos un taxi

que llegó en su bicicleta para llevarte.

Era como en el cine

frente al parque Maceo, en Las Tunas.

Había pasado más de tres décadas acechándote,

pero no lo sabías. Te ibas donde los tuyos

y yo a esperarte en un lejano país

en alguno de esos planetas

que inventan para los que se aman.

Quizá uno de esos lugares

donde las personas tienen una casa,

varios hijos y una cocina donde las llamas

nos recuerde alguna vez el traqueteo

de las chispas de la leña en aquellos fogones

de la abuela con la esmaltada superficie

de ceniza blanca.

Era sorprendente, como en el cine,

que en el justo momento

en que se descubre el amor, hay que irse.

Duele pasar la vida yéndose,

como en las películas.

Frente al parque Maceo, en Las Tunas,

el taxista girando para irse al terminal

y tu despedida con la blanca mano

como si fueras a entrar a una nube blanca

con el humo en alguna batalla. No había cámaras,

ni trucos, maquillajes

o dobles para correr los riesgos.

Era como en el cine; pero, en la vida real.

El único lugar donde las ausencias duelen

como si la llama de un arcoíris atravesara el pecho.

SOLO DE OBOE

Oboe transcurre

en ese punto de la noche

en que volaron todas las golondrinas,

cuando el rocío se dispersa en los minutos.

NADIE

Nadie podrá hablar suficientemente del vino,

la esencia de la uva,

ni de todas las hendiduras de la clorofila

si no ha besado tu boca.

DIAS DE HORROR

En aquellos días de horror.

Preso sin causa a cada momento.

Censurado hasta en los poemas cursis,

cuando sólo escribía en la ilusión de tus tetas

y tu pelo inmensamente rojo en el trasiego del día.

En aquellos momentos de terror,

sin un mínimo delito al que aferrarme.

Condenado a vivir en Cuba

como si fuera normal

que te trocen la carne que palpita

e hinquen los ojos con ingentes amenazas.

En aquellos días de miedo,

amedrentado por asumir la única herencia

que nos dejó el abuelo: leer libros.

Cuando cada minuto son sesenta posibilidades

para morir de un tiro, sin juicio,

pelotón de fusilamiento,

o en las mazmorras de la Seguridad del Estado.

Era tan lindo, verte pasar en tu bicicleta.

RANA

Toda la noche esa rana,

desde la charca,

deletrea tu nombre.

No deja dormir.

GIGANTES

Ayer ataqué a un grupo de gigantes

pero hice creer a todos que el sabio Frestón,

les convirtió en molinos, para no gozar de la gloria

de su vencimiento y para que nadie se fije

en lo mellado en la espada y en esa lanza

que cede en los mejores momentos de la batalla.

Después me fui a beber

unas cuantas jarras de cerveza y vino,

a pesar de todo, soy el personaje.

Luego el autor escribirá algo glorioso

como que marché a escribir unas cantigas

a la del Toboso, o a la alta señora de Cuba,

y a que una gitana que vive oculta en Notre Dame,

cubriera de ungüentos las heridas.

Alguien me dio unas hierbas a cambio pidió monedas.

Nunca he tenido monedas —dije—

ni cuando el colérico vizcaíno

cayó abatido bajo mi brazo.

En cualquier momento seré otro.

CALLE

Aquí voy por esta calle

en la que me gusta recordarte.

Esta calle en la que nunca tomé tu mano,

la calle para no olvidar

porque me gusta, cuando la recorro,

pensar en ti. Imaginarte.

TE DAS CUENTA

Te das cuenta.

Y si de pronto todo este pedazo de cielo

que he sentido sobre mi cabeza

no es más que tu nombre letra por letra

lleno de nubes y de pájaros

rompiendo la luz en los atardeceres.

Te imaginas; nuestros amigos

desenterrando de las redes sociales

nuestra muda historia de amor,

como si fuera delito

eso de darnos trinchados los pedazos,

sobre el fuego triste de los vinos blancos.

Qué será de nosotros, por Dios,

en este siglo insolente que no rebasaremos,

tan atroz como los tiburones

gordos y sobrealimentados

en el Estrecho de La Florida, ese lugar imposible

donde todos se ponen lindos e inteligentes

y aprenden del Quijote en las cervezas

de cada tiempo libre.

Y, qué hacer con nuestra desnuda timidez;

tu boca tibia y mi compañero de batallas erguido

hacia el horizonte de tus muslos.

Qué haremos con la nieve y los tratados comerciales,

las tropas,

las armas letales

y el impulso de tenernos a todo riesgo.

Ahora bésame,

para que no se acabe el mundo y se escapen

estas ansias tremendas de tenerte.

CASADA

Nada como "hacer el amor",

con una mujer casada.

Especialmente si esa mujer

está casada contigo.

LA FIERA

Nos dijeron que Van Gogh cortó su oreja

para entregarla al enemigo

por todo lo cual sus cuadros rondaban

el frágil cerebro de los hambrientos

para emponzoñarlos

de problemas ideológicos.

Un día supimos que Guernica

no era una rara imagen

en los libros del bachillerato,

sino el lugar por donde comenzó

a hundirse el universo

y sólo nos dejaron ser

lo que le pareció oportuno al Minotauro,

tan cruel y desafiante devorador

como aquel del laberinto,

pero no tan solo en Punto cero.

Fue así como nos dimos cuenta

que nuevamente se fue a bolina

la perspectiva hacia la luz

y aparecieron los burgueses

con sus manos dentadas ,

y esta vez con un simpático

uniforme verde olivo, tras sus barbas.

TE EXTRAÑO

Te extraño,

como sólo Manzanero

sabe explicarlo.

COCOTEROS

Pensar que una tarde mis manos,

con menos de seis años cada una,

ayudaron a mi padre

a sembrar aquellos cocoteros

que han pasado sus vidas dándole agua fresca

 y carne blanca a tantas bocas.

Me colocó en una categoría perturbadoramente

entre los escogidos por el mundo

para una fuerza creadora

e increíblemente en extinción en nuestra raza.

ÁRBOLES

Eran cuatro o cinco árboles frondosos,

con ese intenso verde que sólo los trópicos

pueden ofrecer a la mirada.

Eran cuatro o cinco árboles enormes,

a la vista en los primeros años,

copiosamente manchados de pájaros de toda estirpe,

trinando en su aleteo la múltiple canción de las mañanas

Eran cuatro o cinco árboles gigantes, todos salpicados

de plumajes cantándole a tu nombre.

Cuatro o cinco ramajes que se fueron

junto al hacha, con sus ramas cargadas

de tantas aves que impedidas de evitar

la catástrofe, se han instalado todas

a cantar en los recuerdos.

EL MOMENTO

¿En qué momento nos quitaron la Revolución?

¿En qué momento se instalaron tras sus barbas,

esos burgueses hijos de puta?

HISTORIAS

Y cuentan las historias

de lo que ha sido nuestra patria

que alguien informó a la Seguridad del Estado

sobre la poetisa Fina García Marruz,

que dedica parte de su jornada laboral (sagrada)

a estudiar los cuatro tomos

del Educador Popular, editado en Nueva York,

en los años del siglo de la tisis

por Néstor Ponce, amigo de Martí,

por más señas. Y que entre polillas y humedad,

con tintas antiguas y ante la impunidad

que le ofrece su cubículo

en la biblioteca Nacional de Cuba,

se le ha visto cubriendo

las páginas en blanco de su cuaderno personal

con versos y poemas. Por todo lo cual se indica

asignar a la estricta vigilancia de su persona

a doce agentes de la seguridad del estado,

porque doce fueron los apóstoles

a los que ella proclama simpatía,

y algunos espías encubiertos

dentro de la masa trabajadora,

y que desde hoy se colecten y acumulen

las pruebas y argumentos

para que dicha poetisa multipremiada

sea sometida al Consejo Laboral

con la sustentación legítima de la llamada

y muy conocida y aplicada Ley de Peligrosidad.

UNIDADES DE MEDIDA

Dos unidades de medidas

creadas para ti y para mí:

el instante, la eternidad.

MALAS PALABRAS

Fue cuando escribí "grano de maíz"

y se llenó la habitación con mazorcas,

pájaros picoteando y fragor del río

deslizarse en las orillas

de la verde laguna de los maizales.

Escribí "arroz", y en el fondo de la página

se hizo un boquete por el que se podía

mirar las yaguasas en los arrozales,

el fango de los diques anegados,

el rugir de la turbina empujar el agua

por los canales y mi padre todo sudor

y hambre me espera con su desayuno.

Coloqué "maravilla" a la mitad de un verso

y estabas tú sobre la cama

y yo imaginando como podría,

a partir de aquella imagen,

eternizar ese jubiloso momento

en que decías tus malas palabras

y con la paciencia

de quien espera por la bondad,

cumplía el sereno rito de penetrarte

y entregarme a la eternidad del placer.

DESDE EL PINCEL

Hay amores así que se aferran

como un papalote a los ojos del viento.

Amores que nunca tendrán

un paseo de manos por un parque,

ni una pizza después de caminar

por la capilla Sixtina

donde nuestras siluetas se contorsionan

en su desnudez, inventada

por el enfebrecido pincel de Miguel Ángel.

PENSAR

Cuando pienso en ti, no puedo escuchar

como crecen las hierbas y las plantas.

Ni como devoran con lívido rabioso cada borde

las grandes placas tectónicas cuando se besan

en el cinturón de fuego en el que el Océano Pacífico

les alcahuetea sus ansias eróticas.

Cuando pienso en ti, no percibo en avance

de los monzones ni el empinarse de los arrozales

y la guerra de Vietnam no se refleja

ni en los empolvados volúmenes de las enciclopedias

en las encumbradas armonías de las bibliotecas

de su majestad británica, o aquella muy moderna,

que llaman del congreso, en Norteamérica.

Seguramente los diamantes tienen su propio lenguaje

para seducirnos. Aquella famosa Piedra Azul,

por la que ofrecen millones,

seguramente fue algún verso que perdió Tagore,

aquella noche en que torpemente

derramó sobre el mantel toda la tinta,

y en ese verso iba tu nombre.

Nada puedo escuchar. Nada puede escucharse

cuando el mundo se estrecha tanto

que solo puede tomar cuerpo

en la realidad de mi boca entre tus piernas

en aquella noche en que hasta hoy no me amanece.

Cuanto ruido recibirán desde las olas,

cuando se abre tu olorosa humedad

a la erecta quilla, trabajosamente abriéndose camino.

Qué tan hondo podrá llegar a ser

el susurro de tus malas palabras.

Que tibio gime desde tu garganta

toda aquella lejana galaxia

más allá del borde de los mapas.

Todo será ruido, música o estruendo

todo el rugir del universo puede irrumpir de una vez

en esta habitación, a fin de cuentas,

nada puedo escuchar cuando te pienso.

Y nada escucho. Cuando se besan los continentes,

crece la hierba, se forman los diamantes

y el silencio me inunda mientras te pienso.

Levántala más alto que tu cabeza

y bebe hasta el fondo,

a salud de quienes beben solos.

Gibrán Jalil Gibrán

OTROS TÍTULOS DEL AUTOR

- Las caras del miedo: Novela.
- Pa' Cuba ni muerto: Testimonio.
- Un triste cepillo de dientes: Cuento.
- Bailarina con sombrilla: Cuento.
- El Cacique Turquino: Cuento.
- Historia de amor: Cuento.
- Gabriela en el espejo: Cuento.
- Memorias de una vieja bota: Cuento.
- La Gallina golondrina: Cuento.
- Gabriela: Poesía.
- Cuando aparecen los elefantes: Poesía.
- La estrella de mar medioquemada: Poesía.
- Calendario de la espuma: Poesía.
- Un país para mi lengua: Poesía.
- Amargo país: Poesía.
- Solo en medio del mundo: Poesía.
- Miami: Poesía.
- Donde termina la mirada: Poesía.
- Guijarros: Poesía.
- Piano afinado: Poesía.
- Pequeño formato: Poesía.
- Es la hora de los hornos: Poesía.
- Añejo Bacardí: Poesía.

Índice